Inhalt

Russische Energiepolitik - ein bisschen Marktwirtschaft und viel Machtwirtschaft

Kernthesen

Beitrag

Fallbeispiele

Zahlen und Fakten

Weiterführende Literatur

Impressum

Russische Energiepolitik - ein bisschen Marktwirtschaft und viel Machtwirtschaft

Autor GENIOS BranchenWissen: A.Schneider

Kernthesen

- Die Energie- und Rohstoffwirtschaft Russlands macht nach Schätzungen der Weltbank rund ein Viertel der gesamtwirtschaftlichen Produktion Russlands aus.
- Russland verfügt über die größten Erdgas-, zweitgrößten Kohle- und achtgrößten Erdölreserven der Welt.
- Der russische Staat kontrolliert inzwischen wieder knapp ein Drittel der russischen Ölwirtschaft und über die Mehrheit am

Gaskonzern Gasprom praktisch das gesamte Geschäft mit Gas. Die Pipelinesysteme sind fest in russischer Staatshand.
- In Europa schwindet das Vertrauen in die Energie-Liefersicherheit Russlands, die Kritik an Putins energiepolitischen Methoden wächst angesichts diverser Gas- und Pipelinequerelen mit ehemaligen Bruderstaaten.

Beitrag

Die Energie- und Rohstoffwirtschaft ist für Russland ein strategisch wichtiger Wirtschaftszweig. Die energiewirtschaftlichen Entscheidungen und Maßnahmen und die verstärkte Einflussnahme des Staates wecken jedoch zunehmend das Misstrauen der westeuropäischen und den Widerstand der osteuropäischen Nachbarn.

Europa in Sorge angesichts russischer Energiepolitik

Wenn Frau Merkel und Herr Putin ihr sonntägliches gemeinsames Mahl einnehmen (Sonntag, 20. Januar), steht auch das Thema Energieversorgung auf der Gesprächsagenda. Schließlich sind die Westeuropäer seit den jüngsten Differenzen zwischen Russland und Weißrussland um die Öl- und Gas-Lieferungen erneut besorgt, ob der Energiefluss aus Putins Energiereich weiterhin gewährleistet bleibt.

Der größte Flächenstaat der Welt verfügt über die größten Erdgas-, zweitgrößten Kohle- und achtgrößten Erdölreserven der Welt. Die Energie- und Rohstoffwirtschaft Russlands macht nach Schätzungen der Weltbank rund ein Viertel der gesamtwirtschaftlichen Produktion Russlands aus. Ein Großteil der Exporterlöse und Staatseinnahmen sind ihr zu verdanken. Russland ist also in hohem Maße vom Energiesektor abhängig.

Da wundert es nicht, wenn die Energiewirtschaft von Präsident Putin zum strategisch wichtigen Wirtschaftszweig erklärt wird. Dabei schwankt die russische Energiepolitik zwischen Liberalisierung und Renationalisierung. [1] Einerseits agiert Putin marktwirtschaftlich, liberalisierend und befürwortet die Zusammenarbeit mit dem Ausland. Andererseits baut er in strategischen Branchen wie Gas, Öl, Metall, Rüstung und Finanzen mit teils umstrittenen Methoden eine konsolidierte Kernwirtschaft in Staatshand [2] auf.

Gerade im Energiesektor wird die ordnungspolitische Hand des russischen Staates immer deutlicher. Offensichtlich will Putin die Russische Föderation wieder zu einer Weltmacht aufbauen, und der Weg dorthin führt über die riesigen Rohstoffreserven seines Landes. Reformen mit Maßnahmen, die zu mehr Markt und Wettbewerb führen, sind bisher nur im Strombereich geplant. Im Gas- und Ölbereich hingegen sind eher Tendenzen einer Renationalisierung zu beobachten. Der russische Staat kontrolliert inzwischen wieder knapp ein Drittel der russischen Ölwirtschaft und über die Mehrheit am Gaskonzern Gasprom praktisch das ganze Geschäft mit Gas. Ausländischen Unternehmen werden maximal Minderheitsbeteiligungen ermöglicht.

Europa und insbesondere die EU-Kommission sind in großer Sorge. Die EU will, dass sich europäische Energiekonzerne wieder intensiver in Russland an Förderprojekten beteiligen können. Außerdem soll Russland die Europäische Energiecharta, die freien Öl- und Gas-Transit garantiert, ratifizieren. Doch bisher lehnt der Kreml das ab. Dabei werden schon seit einiger Zeit die Zweifel an der Zuverlässigkeit der russischen Energieversorgung größer. Das Vertrauen in die Energie-Liefersicherheit Russlands schwindet, die Kritik an Putins energiepolitischen Methoden wächst.

Was zählt, ist das Ziel

Russland ist auf dem besten Wege und äußerst findig darin, die angestrebten Ziele mit schlagenden Argumenten, entschlossenen Maßnahmen und passenden juristischen Paragraphen umzusetzen.

So wird dem einstigen Yukos-Gründers Michail Chodorkowski Steuerhinterziehung nachgewiesen, er wandert nach Sibirien und seine Ölfirma in die Hände des staatlichen Ölkonzerns Rosneft.

Gern gibt sich die russische Regierung auch umweltbewusst. Kürzlich hat Russland das Kyoto-Protokoll zur Reduzierung der Treibhausgase ratifiziert und sich damit den Weg zum Handel mit Emissionsrechten ermöglicht. Und auch sonst argumentiert es ungewohnt umweltbewusst, wenn es zielführend ist. So wollte Gasprom mit 50 Prozent plus einer Aktie in das bisher von Shell geführte Förderkonsortium Sachalin 2 einsteigen zu Bedingungen, die Shell ablehnte. Prompt stellte kürzlich der russische Minister für natürliche Ressourcen fest, Shell habe beim Pipeline-Bau gegen Umweltgesetze verstoßen. Inzwischen hält Gasprom die Mehrheit an dem Konsortium, welchem neben dem niederländisch-britischen Energiemulti Royal Dutch/Shell auch noch die japanischen Unternehmen

Mitsui und Mitsubishi angehören.

Russische Erdölwirtschaft

Russland verfügt über rund 5% der weltweiten Erdölreserven. Die russische Erdölförderung hat sich in den vergangenen sechs Jahren deutlich erholt. Sie lag 2005 bei 470 Millionen Tonnen im Jahr und war damit nur knapp niedriger als die Förderung in Saudi-Arabien. [Abb.1] Der Großteil des russischen Erdöls wird exportiert. 2005 flossen über 250 Millionen Tonnen ins Ausland.

Die Investitionspläne des russischen Energieministeriums für die Zukunft sind ehrgeizig. Die Fördertechnik soll verbessert werden. Neue Ölfelder sollen gesucht und erschlossen, Raffineriekapazitäten, Pipelinesysteme und Hafenanlagen ausgebaut werden.

Oligarchen entmachtet

In der russischen Erdölwirtschaft befindet sich derzeit noch eine Mischung privater, staatlicher und ausländischer Unternehmen. Ende 2005 kontrollierte der Staat knapp ein Drittel der russischen

Ölwirtschaft.

Unter Präsident Jelzin wurde der überwiegende Teil der russischen Ölindustrie privatisiert. Die Ölunternehmen gingen fast durchwegs aus dem Staatsbesitz in die Hände einiger weniger Oligarchen und Banken über. Die Namen Michail Chodorkowski (Yukos) und Roman Abramowitsch (Sibneft) sind auch hierzulande ein Begriff. Ende 2003 entfielen rund 75% der russischen Förderung auf fünf private Unternehmen.

Im Jahr 2004 wurde deutlich, dass der Staat wieder eine stärkere Rolle spielen wollte. Der mehrheitlich staatlich kontrollierte Ölkonzern Rosneft kaufte für rund 9,4 Milliarden Dollar die größte Fördergesellschaft des privaten Ölkonzerns Jukos, nachdem russische Finanzbehörden Jukos mit Steuernachforderungen von rund 28 Milliarden Dollar zum Verkauf gezwungen und somit den einst größten Ölkonzern erfolgreich zerschlagen hatten.

Gasprom stieg ins Ölgeschäft ein, indem das Unternehmen im Oktober 2005 die Mehrheit der Ölgesellschaft Sibneft, einst die fünftgrößte Fördergesellschaft, von Roman Abramowitsch übernahm. Und Putin würde angeblich großen Gefallen daran finden, wenn die beiden staatlichen Platzhirschen Gasprom im Gasgeschäft und Rosneft im Ölgeschäft zu einem übergreifenden Energiekonzern fusionieren würden.

Das Pipelinesystem ist fest in staatlicher Hand. Die staatliche Transportgesellschaft Transneft besitzt ein Rohrleitungsnetz von 50 000 Kilometern und ein Monopol für den Transport von Erdöl.

Der grösste, vollständig private, mit der amerikanischen Conoco Phillips kooperierende Ölkonzern ist Lukoil. Die 50%ige Beteiligung der britischen BP am Ölunternehmen TNK-BP ist bisher ein Ausnahmefall in Sachen ausländischen Engagements im russischen Ölgeschäft geblieben.

Russische Erdgaswirtschaft

Russland verfügt über ein knappes Drittel der weltweiten Erdgasreserven. Gut ein Fünftel der weltweiten Erdgasförderung entfällt auf Russland. Es ist damit vor USA und Kanada das größte Erdgasförderland der Welt. [Abb.2] Knapp ein Drittel des geförderten Erdgases wird ins Ausland exportiert. Damit ist Russland auch der weltweit führende Gasexporteur.

Die Erdgasförderkapazitäten sollen künftig noch

stark ausgebaut werden. Das inzwischen bekannteste Projekt ist die Ostsee-Pipeline, die aus dem Raum Sankt Petersburg durch die Ostsee nach Greifswald verlegt werden soll. Erdgas würde dann direkt nach Westeuropa gelangen, ohne Transit durch andere Länder. Auch Leitungen in Richtung China sind beschlossene Sache. Anlagen zur Ausfuhr von verflüssigtem Erdgas sollen gebaut und neue Lagerstätten an geologisch schwer zugänglichen Gebieten teils mit Hilfe ausländischen Wissens und Kapital erschlossen werden (zum Beispiel Sachalin 1 und Sachalin 2).

Kein Gas ohne Gasprom

Der Staat kontrolliert über die Mehrheit am Gaskonzern Gasprom praktisch das gesamte Geschäft mit Gas. Gasprom ist die führende russische Erdgasgesellschaft. Auf den Konzern entfallen fast 90% der Gasförderung. Mitte 2005 erwarb die russische Regierung die Aktienmehrheit an Gasprom. Das rund 150 000 km lange Pipelinenetz zum überregionalen Erdgastransport gehört ausschließlich Gasprom. Allein Gasprom ist vom Staat autorisiert, Erdgas zu transportieren.

Es gibt noch ein paar unabhängige Erdgasproduzenten, die jedoch nur eine untergeordnete Rolle spielen und vielfach nicht liefern können, weil Gasprom Engpässe im Leitungssystem geltend macht. Die letzten beiden unabhängigen Gasförderer in Russland Novatek und Itera hat sich Gasprom inzwischen mehr oder weniger einverleibt. Überhaupt steht der Übernahme anderer russischer Gasgesellschaften nichts mehr im Wege, seit ein Schiedsgericht ein vom Kartellamt in Moskau im September 2005 verhängtes Verbot für die Übernahme anderer Gasproduzenten außer Kraft gesetzt hat. (3)

Die Aktivitäten Gasproms beschränken sich keineswegs nur auf russisches und osteuropäisches Terrain. Schon seit einigen Jahren engagiert sich der Konzern verstärkt darin, sein Erdgas nicht mehr an ausländische Zwischenhändler zu verkaufen, sondern selbst oder mit Partnern im Ausland an Endkunden abzusetzen. In Deutschland ist Gasprom so bereits seit den 90er Jahren an der Vermarktung ihres Erdgases über Wingas, eine gemeinsame Tochtergesellschaft der BASF Ag, beteiligt.

Beim Gaspreis endet die Bruderschaft

Ende 2006 beschloss die russische Regierung erste Liberalisierungsschritte für den Erdgasmarkt. So soll der inländische Preis, der bisher weit unter den üblichen Marktpreisen liegt und als nicht kostendeckend gilt, schrittweise bis 2011 für alle inländischen Abnehmer mit Ausnahme der Privathaushalte an den frei gebildeten Exportpreis herangeführt werden.

Auch im Exportgeschäft forderte der Gasmonopolist Gasprom bisher Gaspreise, die zwar deutlich höher waren als die Preise im Inland, aber doch deutlich unter Weltmarktniveau lagen.
Bemerkenswert ist dabei, wie sehr die Preise von Land zu Land variieren. Estland, Lettland und Litauen zahlen 240 Dollar je 1000 Kubikmeter Erdgas. Aserbaidschan und Georgien sollen 235 Dollar aufbringen. Die Ukraine wird mit 130 Dollar, Armenien mit 110 und Weißrussland mit 105 Dollar zur Kasse gebeten. (4)

Für die ehemaligen Staaten der Sowjetunion galten lange Freundschaftspreise in Sachen Energie.
Doch die Freundschaft ist inzwischen massiv auf den Prüfstand gestellt worden. Russland hat eine neue Ära eingeläutet. Im vergangenen Jahr wurden die Gaspreise der osteuropäischen Abnehmerländer nahezu verdoppelt. Und auch für 2007 sollen fast alle Kunden noch mal deutliche Preissteigerungen hinnehmen. Weitere Konflikte nach dem Muster des russisch-ukrainischen Gasstreits vom Dezember 2005

waren vorprogrammiert. Die Gas- und Pipelinekriege erschüttern die westeuropäischen Partner, sind aber bisher stets nur von kurzer Dauer. Zu groß ist die Abhängigkeit vom russischen Nachbarn, dem in der Regel nach wie vor größten Absatzmarkt der genannten Länder. Auch Weissrusslands Widerstand war nur von kurzer Dauer. Nach zwei Tagen und einem Telefonat zwischen Putin und Lukaschenko war das Thema wieder vom Tisch. (5)

Not macht erfinderisch

Für Armenien, Aserbaidschan, das Baltikum, Georgien, Moldawien, Polen, die Ukraine und Weissrussland war Energie in Form von Öl und Gas seit jeher reichlich und billig zu haben. Was es nicht im eigenen Land gab, wurde vom russischen Nachbarn importiert zu Preisen, die weit unterhalb des Weltmarktniveaus lagen. Wozu also Energie einsparen?

Nun wird berichtet, dass die gegängelten Energiekunden allmählich auch nach neuen Wegen Ausschau halten: Energie einsparen, effizient einsetzen und einen breiteren Energiemix finden, lautet neuerdings die Devise.

So investieren Unternehmen und Regierungen der GUS-Länder seit einiger Zeit Milliardensummen in Energie sparende Technologien, Fabrikation und Materialien. Neue Pipelinerouten, die einen Bogen um Russland machen, werden geprüft, Wasserkraftwerke werden wieder hergerichtet, Windkraftwerke geplant, alte Atomkraftwerke modernisiert und neue geplant. Der ukrainische Stahlriese Interpipe etwa investiert derzeit 410 Millionen Dollar in die Modernisierung eines Röhrenwerks, mit dem Ziel, den Gasverbrauch von derzeit 150 Kubikmeter pro Tonne Stahl auf 17,8 Kubikmeter sinken zu lassen. (6)
Dies wiederum hat erfreuliche Folgen auch für die deutsche Wirtschaft. So liefern deutsche Unternehmen beispielsweise Dämmstoffe, Fenster, Verbundwerkstoffe oder Solartechnik in die GUS-Länder.

Vertrauensbildende Maßnahmen?

Gasprom nimmt die Sorgen der EU und der Bundeskanzlerin Merkel zur Kenntnis und gelobt Besserung. Die internationale PR-Firma PBN wurde soeben engagiert, um das Konzernimage aufzupolieren. Künftig wolle man schneller über die Aktivitäten informieren und Pläne mit Partnern und Kunden erörtern. Außerdem solle der Bau der

Ostseepipeline dazu dienen, Erdgas von neuen westsibirischen Feldern nach Europa zu liefern. (7), (8)

Fallbeispiele

Gasprom wertvollstes Energieunternehmen der Welt

Gasprom? Arbeitet da nicht unser ehemaliger Bundeskanzler Gerhard Schröder? Indirekt. - Ist das nicht so ein dubioser russischer Energielieferant? Ja. - Alexej Miller? Nie gehört.

Börsenexperten kennen Gasprom inzwischen gut: Es ist Russlands größtes Unternehmen, Erdgasmonopolist, der weltweit größte Erdgasproduzent und zählt zu den wertvollsten Energieunternehmen der Welt. Der Konzern ist darüber hinaus erfolgreich tätig im Ölgeschäft, hat eine eigene Bank, kontrolliert fünf Radiostationen, drei Fernsehsender, zwei Zeitungen und einen Verlag. Das Unternehmen betreibt Schulen und Wohnsiedlungen, Hotels und Therapieeinrichtungen.

Rund um den Globus gebietet Gasprom über ein Geflecht aus mehr als 150 Tochterfirmen und Beteiligungen rund um den Globus in den unterschiedlichsten Branchen. Der ehemalige Staatskonzern, der 1998 in eine Aktiengesellschaft umgewandelt wurde, ist heute mit rund 330 000 Beschäftigten der größte Arbeitgeber des Landes.

Gasprom verfügt über etwa ein Sechstel aller sicher wirtschaftlich gewinnbaren Gasreserven der Welt. Sein Umsatz insgesamt wird auf rund 45 Milliarden US-Dollar geschätzt (2005, ohne Sibneft). Sein Exportumsatz auf rund 45 Milliarden US-Dollar (2005, ohne Sibneft). Allein im ersten Halbjahr 2006 verdiente Gasprom 6,6 Milliarden US-Dollar (gut fünf Milliarden Euro). Damit verdoppelte sich der Gewinn gegenüber dem Vorjahr.

Deutschland ist Gasproms bester Kunde und nimmt jährlich 35 Milliarden Kubikmeter Gas ab (Stand: 2005). Und Gasprom ist noch weiter mit Deutschland gut verbandelt. Der Moskauer Konzern ist über Gasprom Germania an der Wingas (Kassel) und der VNG Verbundnetz Gas AG (Leipzig) beteiligt. Börsianer spekulieren auch über einen Einstieg beim Versorger RWE und anderen Gasabnehmern. Die E.on-Tochter Ruhrgas wiederum hält knapp 6,5 Prozent an Gasprom.

Gasprom beliefert über 20 europäische Staaten. Europa bezieht etwa ein Viertel seines Erdgases aus Russland. Und nicht nur in Deutschland, auch in Frankreich, Großbritannien, Italien und Holland ist Gasprom schon an Gasversorgern beteiligt und will sich in naher Zukunft auch bei europäischen Stromversorgern einkaufen.

Spätestens am 27. Januar 2007 wird ein großer Teil der deutschen Bevölkerung Gasprom kennenlernen. Dann nämlich, wenn die Spieler des Fußball-Bundesligisten Schalke 04 im neuen Trikot mit Gasprom-Logo aufs Spielfeld laufen. Der russische Energiekonzern sponsert den Verein bis 2012 mit bis zu 125 Millionen Euro (wenn der Bundesligist jedes Jahr die Meisterschaft, den DFB-Pokal und die europäische Champions League gewinnt).

Und: Alexej Miller übrigens ist ein langjähriger Arbeitskollege und Weggefährte von Wladimir Putin und Chef von Gasprom. (9), (2), (10)

Zahlen & Fakten

Russlands Erdölreserven, Erdölförderung und Erdölverbrauch

in Millionen Tonnen, 2005

Rang	Erdölreserven		Erdölförderung		Erdölverbrauch	
1	Saudi-Arabien	36.094	Saudi-Arabien	532,50	USA	950,00
2	Kanada	24.070	Russische Föderation	472,00	China/Hongkong	325,50
3	Iran	18.109	USA	314,90	Japan	243,00
4	Irak	15.430	Iran	200,00	Russische Föderation	126,80
5	Kuwait	14.054	Mexiko	187,50	Deutschland	121,00
8	Russische Föderation	8.163				

Quelle: Oil & Gas Journal, Petroleum Economist, IEA, UN Yearbook of Statistics

Entnommen aus: ExxonMobil Central Europe Holding Hamburg (Hrsg.), Oeldorado 2006, S. 4

Russlands Erdgasreserven, Erdgasförderung und Erdgasverbrauch

in Milliarden Kubikmeter, 2005

Rang	Erdgasreserven		Erdgasförderung		Erdgasverbrauch	
1	Russische Föderation	640,60	Russische Föderation	47.544	USA	625,50
2	USA	512,90	Iran	27.484	Russische Föderation	481,00
3	Kanada	186,50	Katar	25.768	Deutschland	102,70
4	Großbritannien	92,80	Saudi-Arabien	6.830	Großbritannien	100,10
5	Norwegen	88,60	Arabische Emirate	6.168	Kanada	98,90

Quelle: Oil & Gas Journal, Petroleum Economist, IEA, UN Yearbook of Statistics

Entnommen aus: ExxonMobil Central Europe Holding Hamburg (Hrsg.), Oeldorado 2006, S. 4

Weiterführende Literatur

(1) O.V., Energiewirtschaft Russlands,
www.wikipedia.de
aus DIE ZEIT Nr.48

(2) In Europa wächst die Angst vor Gazprom
aus WirtschaftsWoche online vom 20061025, 06:51:37

(3) Gazprom darf Gasförderer aufkaufen
aus Süddeutsche Zeitung, 16.01.2007, Ausgabe
Deutschland, Bayern, München, S. 17

(4) Putins neue Außenpolitik Russland liefert wieder
Öl nach Deutschland und Europa
aus DIE WELT, 12.01.2007, Nr. 10, S. 12

(5) O.V., Pipeline-Streit. Russland zwingt „Bruder" in
die Knie, HANDELSBLATT online, 10.01.2007
aus DIE WELT, 12.01.2007, Nr. 10, S. 12

(6) Preiskrieg mit Russland zwingt Nachbarländer
zum Umdenken in der Energiepolitik Bislang
bekamen GUS-Staaten Energie zu Dumpingpreisen -
Das ist vorbei, nun soll der extreme Verbrauch
gedrosselt werden - Chance für deutsche
Unternehmen
aus DIE WELT, 10.01.2007, Nr. 8, S. 12

(7) Gazprom verspricht mehr Transparenz
aus Handelsblatt Nr. 013 vom 18.01.07 Seite 15

(8) Make-up für den Monopolisten
aus Süddeutsche Zeitung, 17.01.2007, Ausgabe
Bayern, München, Deutschland, S. 1

(9) GASPROM
aus FOCUS, 15.01.2007; Ausgabe:03; Seite:028-029

(10) O.V., Gazprom, www.wikipedia.de
aus FOCUS, 15.01.2007; Ausgabe:03; Seite:028-029

Impressum

Russische Energiepolitik - ein bisschen Marktwirtschaft und viel Machtwirtschaft

Bibliografische Information der deutschen Nationalbibliothek

Die Deutsche Nationalbibliothek verzeichnet diese Publikation in der deutschen Nationalbibliografie; detaillierte bibliografische Daten sind im Internet über http://dnb.d-nb.de abrufbar.

ISBN: 978-3-7379-2337-8

© 2015 GBI-Genios Deutsche Wirtschaftsdatenbank GmbH, Freischützstraße 96, 81927 München, www.genios.de

Alle Rechte vorbehalten. Dieses Werk ist einschließlich aller seiner Teile – z.B. Texte, Tabellen und Grafiken - urheberrechtlich geschützt. Jede Verwertung außerhalb der Grenzen des Urheberrechtsgesetzes bedarf der vorherigen Zustimmung des Verlags. Dies gilt insbesondere auch für auszugsweise Nachdrucke, fotomechanische

Vervielfältigungen (Fotokopie/Mikroskopie), Übersetzungen, Auswertungen durch Datenbanken oder ähnliche Einrichtungen und die Einspeicherung und Verarbeitung in elektronischen Systemen.